# As minhas dúvidas
# &
# certezas

O palhaço da corte dos Deuses

José Rodrigues Duarte

Nunca tenha certeza de nada, porque a sabedoria começa com a dúvida.

*Sigmund Freud*

# As minhas dúvidas
# &
# certezas

As minhas incertezas que me arranham
e que me deixam a pensar se o melhor é coçar
ou deixar continuar para melhor curar

# Prólogo

Eu quero ser um crente humilde e crítico! Não consegui dormir durante alguns dias, a pensar nas injustiças e crimes contra os mais desfavorecidos no mundo, um sentimento de revolta e desconfiança chegou a mim, e tive vontade de fazer um golpe de estado contra o nosso criador e Pai, para lhe perguntar o porquê da passividade nos acontecimentos.

## Aonde vimos o amor de Deus?

Os imigrantes e refugiados que morrem a caminho da terra premissa, crianças que se fazem matar e arrancar a vida por lobos esfomeados e com dentes do Diabo, Pais e mães aonde as lágrimas de dor pelos seus filhos deixam ribeiras abertas nas suas caras e tu, meu Santo Pai, aonde estás? A nossa divida é assim tão grande, que mesmo os inocentes terão de ser continuadamente sacrificados para te pagar o teu direito? Como te posso garantir o meu amor se tu não te mexes para defender estes meus irmãos e teus filhos que te amam e idolatram, nós sabemos que estás em todas as partes, o que quer dizer que assistes a estes massacres e injustiças sem mexer um dedo. Meu Santo Pai, como é possível passar tanta dor para te pagar uma conta quando sabemos que és tu o comendatário. Esta semana, uma menina de nove anos foi violada e assassinada por um criminoso que veio de longe, num carro, e todos nós, camponeses, sabemos que talvez um acidente sozinho com o seu carro seria uma maneira de o parar ou desviar deste ato tão infame... Porquê Santo Pai, porque não provocou tal acidente? Para salvar esta inocente criança, que só pedia para continuar a viver em amor contigo, com a sua família e amiguinhos.

Santo Pai ajuda-me a desculpar-te, pois neste momento questiono a minha fé. Estou com vontade de te trocar para salvar todos os inocentes das mãos do demónio.

**O autor refere-se aos acontecimentos do mês de abril de 2015**

De uma criança menina do nome Chloé, de nove anos, assassinada e violada em França, por um assassino em 15 de abril 2015, após o qual mais de três mil pessoas saíram à rua para partilhar a dor da família. Também se refere aos refugiados deitados ao mar no mês de abril 2015, ao largo da Sicília, Itália, por colegas de viagens de outra confeção, e ao avião pilotado por um louco levando consigo à morte 149 pessoas, a maioria crianças. O autor observa estas situações como uma ofensa a Deus e à sociedade que assiste sem mexer um dedo.

Não chega só pedir para rezar e fazer sacrifícios, é preciso, Meu Deus, que tu dês um sinal forte para a conquista da paz no mundo. Eu te exalto para não nos abandonares, para nos dares o amor e a serenidade que tanto esperamos.

# Livro primeiro

## Capitulo I

Depois dos uns meses de reflexão, resolvi fazer um caminho de crença à minha tormenta, que não sai dos meus pensamentos. As injustiças destes últimos tempos pesam em cada dia nas minhas incertezas de fé: mesmo quando dormia, via o Santo Pai sentado, sem óculos, a ver e a deixar a humanidade se matar e massacrar entre si (eu sei que vais dizer foi sempre assim!). Cada dia que passava, a minha crença emagrecia aflitamente, apesar de a alimentar com muitas orações e meditação constante. Nesses momentos senti-me como um barco a remos, a navegar contra a corrente, pois não avançava: que sofrimento neurótico, as respostas não chegavam, e a dor continuava cada dia a ser maior, alastrando-se como um lameiro aonde uma ribeira desborda.

As questões que me ponho são se o nosso Santo Pai é um Santo Pai do elo mais fraco, que não vê nem ouve, que só recebe dádivas.
Aquele que não via nem ouvia aquele que só recebia as dádivas.

Não Santo Pai, eu não quero pensar assim como estou a dizer... Peço-te, para dares luz aos meus olhos. Sabemos que existes nos Homens, outro Deus, mas eu acredito em ti como único e o maior de todos, apesar de existirem homens que idolatram outros Deus, matar os teus filhos ou deitá-los ao mar. Eu procuro a resposta às minhas perguntas, com fé e com ciúmes da tua possança. Eu quero assemelhar-te e, para isso estou disposto a caminhar no caminho do conhecimento do coração, estudar os teus profetas, quero ser um DEUS CUIDADOSO E INDIGNADO! Falar com transparência e fé, só assim é que podemos saber-nos respeitar uns aos outros.

**Visito igrejas para meditar serenamente**

## Capitulo II

Ouvi as notícias: a igualdade entre mulheres e homens é sempre assunto de atualidade, como devemos suprimir uma vez para sempre tais injustiças e injúrias ao ser humano, onde tens de ser o escravo do pensamento dos outros e, como se isso não chegasse, fazemos tudo para que tais iniquidades sejam justificadas. Ao ler o teu livro guia, a Bíblia, verifico que os teus profetas pouco fazem para que estas injustiças acabem. Escondem-se nas historiazinhas e morais do passado, o mapa deles não é o mapa da sociedade atual, a realidade do território não é o mapa. Esta desigualdade começou com a escritura que os teus servidores elaboraram na Santa Bíblia: "as mulheres devem obedecer aos homens". Estamos conscientes de que foi uma rabiscaria de um dos teus ministros, mas o que é certo, é que ainda hoje os teus ministros continuam a fazer a diferença entre homens e mulheres! Continuamos a lembrar os crimes do passado, e em vez de os reconhecer, tentamos por nuvens de confusão, para que o opaco se transforme na realidade. E tu sabes, quando se põe uma dúvida, ou se coloca uma suspeição, a mentira passa a ser mais verdade. Tu viste pobres e paupérrimos, continuas a ver, claro que não são os mesmos, muitos são as bisnetas e bisnetos deles, nós continuamos a ver a pisar a miséria terrestre com a mesma insegurança, como fosse uma razão para te amar e crer cada vez mais. Porquê, tanta desconfiança no HOMEM que tu criaste à tua imagem?

O autor refere-se às duas guerras mundiais, e aos genocídios dos judeus e da população da Arménia, das quais no ano de 2015 houve comemorações em toda a Europa.

No meu caminho de fé, ao teu encontro, tenho lido o livro de São Francisco de Assis, fundador da ordem Franciscana Atualmente em Roma temos o representante máximo, Papa Francisco. O livro é, a alegria perfeita (*La joie parfaite*), palavra de amor de Santo Francisco de Assis, é amor pelos seres humanos, animais e a criação, o Santo que desposou a pobreza, depois de conhecer o luxo. e a vaidade. O Homem orgulhoso, que um dia de guerreiro se tornou em anjo de amor, ao serviço dos outros, para mim é fascinante! Em abandonando, todos os valores pessoais próprios para renascer e viver uma nova vida pura. A sua boa-fé e razão também tiveram adeptos da suspeição do HOMEM, mas uma coisa que me desassossega é que a maioria dos teus acólitos teve de passar por sofrimentos quase desumanos, para chegar a ti. Seja como ermitas, mediantes, ficando muitos das vezes muitos doentinhos ou pobrezinhos, mas sempre a gozar de uma perfeita alegria, foi o caso deste meu admirado e adorado Francisco de Assis.

Eu não sei se poderia aguentar tantas misérias para chegar ao teu reino. As viagens, não me importo! Mas a fome o frio, se os puder evitar com a tua ajuda... Agradeço. Desculpa por ser claro com os meus pensamentos, mas este abandono do sofrimento, é fruto do conforto a que tu nos habituaste, neste canto do mundo, em detrimento de outros povos que não comem a sua fome e nem bebem à sua sede... Quando vejo a comida e água que utilizamos, sem pensar na quantidade de hectolitros que gastamos para eliminar um pequeno excremento, sem pensar, descarregando o autoclismo sem parcimónia, de onde partem dez ou vinte litros de água potável, para eliminar um pequeno excremento e outros povos não têm água para se lavar uma vez por dia convenientemente, claro que a minha rebelião é justificada.

## Capitulo III

Quando comparo a vida de São Francisco aos imigrantes ou refugiados da miséria do mundo fico apoquentado! São Francisco, que partindo para a sua missão com perfeita alegria, escolhendo os lugares prediletos para se instalar, sem autorização de estadia, sem permissões, estas inventadas pelos homens (como a liberdade de uma gaivota), e a vida de muitos imigrantes e refugiados, sem possibilidades para escolher os lugares prediletos para trabalhar ou residir, onde a mendicidade é proibida, os companheiros de Francisco de Assis faziam politica religiosa sem a mínima oposição da parte das autoridades e dos habitantes, hoje é tudo diferente os imigrantes não podem fazer política ativa. O único direito que podem exercer é trabalhar, mesmo a escolha do trabalho é-lhes determinada. Muitas das vezes são-lhes atribuídos os trabalhos mais duros ou menos recompensados. Os imigrantes metem medo a todos, mesmo aos mais tolerantes.

Meu Deus, sei que isto não é um trabalho da tua criação, mas foste tu que deste o conhecimento aqueles que aplicam as leis, fortalecendo as razões destas desigualdades.

Sim, o receio pode-se justificar, porque nunca se sabem as intenções de alguns imigrantes. Os objetivos de trabalharem e de se integrarem não são sempre os seus fins preferidos, mas sim o da vingança, ódio, muita das vezes a destruição da cultura, dos valores éticos e morais dos outros. É verdade que se pode observar que alguns não querem aceitar a boas regras da nossa cultura secular.

O autor faz referência aos extremistas que são motivados pelo ódio de destruição das outras culturas e chegam à Europa para fazer atentados terroristas.

## Capitulo IV

## A minha dúvida

Vivo numa dúvida continua sobre as questões da sociedade moderna, pois estamos na era da comunicação e conhecimentos rápidos, mas claro, nem sempre certos! Como sabes, a informática esta presente em todos os lados, mesmo os teus mandamentos já estão em numérico há muito tempo, mas nem sempre com boas informações ou conhecimentos que são as mais perfeitas, o homem deixou-se ultrapassar pelas técnicas modernas e erros de pensamentos, e a decisões começam cada vez mais a fazer desgastes na sociedade. Os políticos atuam como bombeiros, mas sem pensar se têm o material adequado para apagar o fogo, ou deitam água sem pensar nas consequências do desgaste.

Sabes, temos um Deus terrestre que ganhou muita importância, são as finanças, que o povo confunde muita das vezes com o dinheiro, este não tem igrejas nem centros de culto, mas está em todos os lados, é ele que manda, está presente na mesa de todas as decisões.

Aqueles que são dependentes portam-se como cães afamados, que ao encontrar fartura de alimentos, morrem de tanto comer, porque não controlam os seus limites insaciáveis. Estes fazem o bom e o mau tempo aos mais fracos e carenciados.

Eles criam ricos e riquíssimos, como criam pobres e paupérrimos, eles fazem cantar e chorar.

As manifestações aos seus atos não servem de nada, porque eles não ouvem nem veem, fecham-se dentro de casa com portas fechadas, janelas blindadas e antirruído.

Como sabes, a Europa e o mundo estão em efervescência, como uma panela de pressão: em qualquer momento tudo pode acontecer...

Os mais necessitados pedem para ser compreendidos, como a Grécia e outros países em dificuldades económicas e sociais, mas ninguém os quer ouvir, os poderosos comportam-se insensíveis às misérias que eles mesmo criaram, ó meu Deus, tenho vontade de dizer ao povo oprimido de se apresentar nu à imagem de São Francisco, para justificar a sua boa-fé para a construção de uma sociedade melhor, em que a partilha deve formar a nova moral.

Se continuamos assim, os estigmas de Cristo também vão aparecer nas mãos e no corpo dos povos mais necessitados, e depois morrerão, enfraquecidos de tanto sofrer e pedir. Eu gostaria de encontrar Karl Max (1818-1883) e Adam Smith (1723-1790), para lhes dizer a confusão que eles provocaram com os seus pensamentos mal compreendidos, o primeiro defensor do socialismo e o segundo do liberalismo, duas ideias que provocaram milhões de mortos no mundo, e criam cada dia mais desigualdade.

O autor refere-se à crise que travessa a Europa e o mundo nos anos 2010-2015 chegada (êxodo) de imigrantes clandestinos de todo o mundo, povos homens, mulheres e crianças que fogem da fome e guerras macabras onde o ser humano deixou de ter valor moral, são coisas como os outros animais sensíveis.

## Capitulo V

Somos meninos amimalhados?
Somos meninos amimalhados, sim! Curamos a dor antes de nos aleijar ou de ter mal, tratamos a dor com o senso futurista de prevenção, de tal ponto que tu, meu Deus és esquecido injustamente eu te acordo a tua amolaria, mas os ausentes não têm razão! A tua presença é cada dia e cada momento mais reclamada por aqueles que creem em ti, faz um sinal de amor sem receio. Eu sei que as tuas técnicas de estar são associadas ao amor e medo, como uma dualidade necessária, mas isso é uma técnica anterior, hoje somos informados ao momento exato de tudo o que se passa no mundo, e mesmo em Roma, que é o centro de gravidade do teu estado-maior, é momento de tratar o amor sem ser associado ao medo. O acesso ao conhecimento, livre e igual para todos? As leis de moral Ética e leis míticas são conhecidas de todos os povos? Posso dizer que não! Quando falamos de valores, pensamos estar a compreender pelos nossos interceptores, mas a realidade é outra, e continuamos a criar estas diferenças no dia-a-adia, quanta percentagem de pessoas conhecem os pensadores universais, como Demócrito, Aristóteles, Sócrates, Platão, Epicuro, Bacon, Descartes, Hobbes, Locke, Rousseau, Kant, Nietzsche e São Agostinho e muitos outros contemporâneos.

Hoje ainda nem todos os povos têm acesso ao conhecimento nem à cultura, o povo fala com vocabulários diferentes no meio da mesma sociedade. As informações são cada vez mais rápidas mas as interpelações são cada vez mais diferentes, pode ser muito positivo para o desenvolvimento do ser humano e para a coletividade, mas pode ser muito nefasto para o amor e respeito de uns com os outros, quando não há cultura a educação (conhecimento) torna-se raro o valor e respeito do ser humano, e este enfraquece.

Meu Deus porque não faz com todos os teus filhos o mesmo que fizeste à Teresa de Lesieux (a Santa de Lourdes), que teve qual teve acesso aos conhecimentos só com a ajuda da tua misericórdia. Ou a força e bravura que prestastes a Jeanne d'Arc durante a guerra de cem anos de (1338 a 1453), e que depois chegou a Santa, eu sei que se pode viver sem conhecimentos e só com um saber inato, mas como tu sabes o pagão não se senta à mesa ao lado do doutor, porque este prefere falar com aquele que o melhor o compreende.

O autor tira a sua ideia na vida da Santa Teresa de Lesieux via en Jeanne d'Arc sua heroína pela sua coragem e determinação, uma pessoa boa, humilde, carinhosa e com grande coragem, apesar de não saber ler nem escrever, fazia com a jovem Teresa lhe tenha grande veneração e afeto.

## Capítulo VI

Na busca da minha dúvida, comecei a ler alguns pensadores, mas uma grande questão que tive de resolver na minha caminhada, foi de responder a uma interrogação sobre os meus atos, pois perguntei-a a mim, com que direito tenho de te escrever assim, para comunicar contigo pois podia fazer como tantos irmãos meus, rezar, fazer orações e esperar que a minha voz possa ser ouvida, por a tua boa vontade de nos ajudar. Mas eu sei que és tu que queres que eu te escreva desta maneira, não sei porquê, mas o que sei é quando começo a escrever um capítulo, a minha escria não para mais, e as palavras são debitadas com uma velocidade que não é a minha normalmente. Mas se achas, que não devo escrever faz para que esta vontade e motivação se volatilizem, pois eu não te quero magoar com as minhas perguntas, a maneira como eu te comunico é a mesma que muitos dos teus pensadores já te fizeram a seculos atrás, mas a minha angústia é de ver tanta miséria no mundo. Este mundo que tu encheste de coisas maravilhosas mas que estão mal divididas o miolo da tua obra está putrefato, mas eu sei que estás também nos espaços vazios, claro que só os homens de bom senso com a tua ajuda podem resolver tantas injustiças. Só te peço para ajudar estes HOMENS de boa vontade a ver a verdade, eu oro por que isso aconteça.

**O fogo e a natureza são dois elementos fascinantes**

## Livro segundo

## Capitulo I

## O mundo capitalista

Vivemos num mundo capitalista muito agressivo. Muitos países importam a miséria que não querem ver escondem e falsificam as estatísticas para dizer que estão bem, criam cada vez mais miséria e tristeza à volta deles.

O mundo capitalista nos apresenta dois países como exemplo a Alemanha e a América USA, ora na Alemanha há milhões de pobres e centenas de desempregados. A Alemanha não tem crescimento demográfico, os Alemães não fazem filhos, porque é muito caro, e os Alemães exportam os mais idosos para países aonde a mão-de-obra é mais barata, porque não têm condições para cuidar dos seus cidadãos idosos e reformados. Aquele que ajudaram a construir o país. A Alemanha não é um bom país para viver, a Alemanha exporta a sua miséria em toda a Europa é um País que cultiva a zelotipia e impede aos outros de crescer.

A América é um país onde as diferences sociais são relevantes, cultiva o culto do individualismo e é um país da comparação e performances, só és bom, quando és melhor do que o outro... É um país que cria muita riqueza, mas também miséria, onde o bem-estar e felicidade não é igualdade. A América é vaidosa, exporta as suas maneiras de ser em tudo o universo como sejam as melhores e as imperativas. Os Americanos estão sempre em conflito com alguém, nunca passam mais de cinco anos sem conflitos diretos ou indiretos é um País vingativo, guerrilheiro e justiceiro, a sua força é a proibição aos outros de ter a sua autonomia.

O autor se refere à crise económica dos anos 2008-2015, ou a Alemanha foi apresentada como um exemplo da Europa e às guerras no mundo aonde os americanos estão empenhados, e às intervenções militares da América en vários continentes.

## Capitulo II

Quais os povos que nos dominam sempre

Através dos séculos: os judeus, alemães, americanos, russos, ingleses, franceses, e ultimamente a China e Índia, nos dividem constantemente, sejam nas questões sociais, económicas ou financeiras, têm a pretensão de sempre ter razão nas suas maneiras de fazer ou pensar. Nos seus desejos superiores, a vaidade de ser os melhores e melhores performances deixam apodrecer muitos outros países e depois queixam-se do cheiro moribundo que eles libertam.

Eu vou dividi-los em dois grupos para melhorar esclarecer os afetos de cada grupo:

Os russos e a China fazem parte do grupo oposto às ideologias de Adam Smith, fundador da ideia liberalista Moderna, sendo que ainda hoje a economia funciona sobre estas ideias liberais, claro inspirado pelo século de lumiares. Escreveu vários livros sobre ciências económicas e sociais, que provam mais as ideologias de Karl Max, fundador das ideias Marxistas, o livro que é a Bíblia é O CAPITAL que deu origem ao comunismo, mas efetivamente mal aplicado em especial o comunismo na Rússia até 1999 que foi um fracasso.

Os outros países são mais ligados à cultura Inglesa, Francesa ou Alemã, a Alemanha tem um espírito de individualismo e egoísmo que muita das vezes está muito oposta ao grupo da sua família. A religião foi e é uma parte de afeto e amizade dos grupos. Baseado na filosofia de Francis Bacon e John Locke, criaram-se leis e associações para melhor defender os seus interesses. Sempre influenciados pelas filosofias modernas da direita, a maior parte das vezes inspiradas pelo Empirismo de Jocke Locke.

Estes países condicionam o ar que respiramos constantemente, não nos deixando crescer naturalmente, durante séculos estiveram sempre na origem de discórdias políticas sociais e filosóficas que eles fabricam, misturam e distribuem as cartas, são de verdadeiros juízes e decisores. Quando não se entendem provocam as guerras entre eles e levem com eles outros países inocentes, que aderem muita das vezes por interesse, mas sem uma verdadeira razão, comportam-se como ovelhas em rebanho.

Vivemos num mundo onde uns gritam para se sentar à mesa e para participar ao festim, e outros se levantam para descansar o rabo de tanto tempo estar sentados, para voltar a sentar-se, não deixando lugar para os outros se sentar.

Mas o que esquecem é que a deslocação e movimentação das pessoas, são cada vez mais determinadas: vai acabar com o seu conforto imperialista, e dentro de alguns anos temos os oprimidos, humilhados e maltratados, que vão tomar os seus postos e ensinar os seus filhos os novos caminhos da civilização humana. Queimando os livros dos seus avós e bisavôs, porque estes só trouxeram divisão e miséria ao ser humano, os novos livros de conhecimentos são aqueles onde as pessoas podem escrever uma página com as *máximas* do seu pensamento.

Onde o ato de partilhar, sem indiferença, vai ser o novo valor social do mundo moderno.

O mar e a sua beleza são para mim, fonte de reflexão!

O cemitério é um lugar aonde tudo acaba!

Os monumentos representam, para mim a força dos Homens!

**Capitulo III**

Trabalho e intolerância

Meu Deus o trabalho tomou conta de toda a nossa alegria, é a primeira fonte de riqueza para atingir a satisfação, como todo mudou, o trabalho faz parte da razão do homem para a sua existência, o homem sem trabalho sente-se paupérrimo e envergonhado nos seus hábitos quotidianos, as horas de trabalho não aumentaram mas as cadências de trabalho sim. O trabalho tomou conta dos espaços de pensamentos do ser humano, o trabalho está em todo o lado como um demónio que nos amedronta, encontra-se na mesa das nossas refeições, nas festas de família, na cama, nos nossos tempos de lazer. Faz parte da nossa mente como uma segunda personagem. Porque é que o trabalho se chama ainda trabalho? Podia ser a minha questão irónica? Do mesmo modo os puristas do trabalho nos dizem que o trabalho ajuda a realizar os sonhos, auxilia as pessoas a viver em sociedade. Os Nazis diziam Die Arbeit Macht Frei, colocando-o escrito nos portões dos campos de concentração, desta maneira o trabalho apresentado como um ato de humilhação ao ser humano.

O trabalho é muita das vezes apresentado como uma fonte de doença e saúde, assim o trabalho foi, nos últimos anos, considerado como um remédio, e o seu valor financeiro passou a segundo lugar.

Assim vai a vida meu Deus...

A intolerância entre as pessoas que beneficiam de um trabalho e os que procuram trabalho é sempre apresentada com um certo escárnio, os ocupados dizem que o sol nunca os apanhou na cama... Uma maneira de dizer aos outros: levanta-te e vai trabalhar... Estas reações são o fruto de um capitalismo estudado, porque enquanto o desemprego for o valor do tempo de trabalho, desce ou não aumenta!

Meu Deus, o fruto proibido hoje é o trabalho digno para milhões de pessoas no mundo. Hoje a nova filosofia sobre o trabalho passa por trabalhar para ser mais sociável... Trabalhar para ser menos egoísta... Trabalhar e pensar empresa e não família... Os grandes filósofos que pensaram e refletiram sobre o trabalho viram-se nos seus sepulcros, e dizem uns para os outros, ainda há muito para fazer! Meus Deus! Passa-se mais tempo a trabalhar de que a amar portanto tu acreditas no AMOR!

A riqueza das Igrejas é para mim uma fonte de questões?

As minhas dúvidas & certezas

**Capitulo IV**

Trabalho e emprego

Trabalho não exclui o emprego, exclui os deficientes, os menos dotados, em qualquer sorte o emprego divide os trabalhadores em grupos e classes sociais.

O termo trabalho pode ter vários significados em português: esforço, sofrimento, criação, e mesmo arte.

O emprego é um espaço de empreendimento e de conflito social? É um espaço onde se encontra as injustiças e justiças mais relevantes da vida moderna!

Por isso, no calão popular, encontra-se mais depressa um bom emprego, do que um bom trabalho, o que não quer dizer nada nem sobre um, nem sobre outro.

Se perguntamos às pessoas o que é um bom trabalho? Encontramos tantas respostas como pessoas. O mesmo para a pergunta: o que é um bom emprego?

Mas há uma diferença, é que o emprego é mais ligado às relações com o patrão e o trabalho com as coisas (mercadorias de produção).

O trabalho é muitas das vezes definido como um meio de aprendizagem e conhecimentos, hoje não se diz estudou bem, mas sim trabalhou bem (escola, liceu, etc.). Segundo os sociólogos, com o trabalho o homem começou a ocupar o seu próprio espaço, assim um trabalho bem feito é, em qualquer medida, uma auto-estima, o que quer dizer, uma satisfação pessoal e uma realização pessoal.

Mas Meu Deus, aonde é que se vê o benefício deste trabalho? Vendo cada vez mais as dificuldades em serem renumerados corretamente, ou de participar aos benefícios das empresas, quantas empresas chegam ao fim do ano contável e dividem pelos colaboradores uma parte dos dividendos? Nenhuma empresa tem nos seus estatutos a obrigação de distribuir 30% do benefício líquido pelos colaboradores. Quando isto acontecer posso dizer que foi um milagre de Fátima...

Centenas de milhares de trabalhadores não conseguem ganhar um salário para viverem decentemente, automaticamente as gerações das famílias destes trabalhadores continuarão pobres, sem hipótese de mudança no futuro.

**Dou um exemplo:**

O senhor Silva, magnífico trabalhador, pobre, tem netinhos pobres, tem bisnetos pobres. E, assim, a família Silva, continua a ser pobres. Só se houver um desses milagres de luta sobre-humanos para uma vida melhor da parte destes netinhos ou netinhas que devem empurrar a pedra ao alto da montanha... Como *Sísifo de Tiziano, ou "comer o pão que o diabo amassou"* é uma expressão popular que significa: passar por um grande sofrimento e dificuldades. Não me digas que ter uma vida sempre miserável é também uma situação genética, de ADN. Como os diabéticos ou certos outras doenças.

## O emprego

A palavra emprego, tem origem na língua inglesa, *Job* = emprego, e na língua grega *ponos* = trabalho penível, etc.. Como os dois conceitos variam... O emprego é mais recente do que o trabalho, surgiu após a Revolução Industrial, e foi sendo alargado com a evolução capitalista. Hoje o emprego ou trabalho são ligados por um contrato entre o trabalhador e patronado, e os Países ditam as estruturas das leis sobre o trabalho. Os sindicatos e patrões negociam os salários e tempo de trabalho, que são validados pelo governo. Nos contratados, existem várias formas de trabalho, temos o trabalho especializado, e o trabalho não especializado. Hoje as pessoas são empregadas pelas suas competências em relação ao trabalho.

Karl Marx dizia no seu livro *Capital* que o trabalhador, é estranho ao produto da sua laboração. Pensava Marx que quanto mais o trabalhador se esgota no trabalho, mais poderoso se torna o mundo estranho, e o trabalhador vem mais pobre, e menos o mundo interior lhe pertence. Segundo Karl Marx, as coisas complicam-se quando a atividade produtiva deixa de ser a causa do homem, para ser um trabalho forçado não deliberado, mas decidido pela urgência externa. Assim, o trabalho deixa de ser a satisfação de uma necessidade, mas apenas um meio para satisfazer necessidades externas a ele. A alienação da atividade produtiva é para muitos trabalhadores uma escravidão de ordem económica e social, fazendo com que o trabalho seja a só finalidade da vida e, desta forma, mais tarde ou mais cedo o trabalhador cai doente e sem forças para trabalhar !

## Trabalho e saúde

Um dilema, segundo os especialistas de saúde e trabalho, é que os patrões deixaram de ter uma imagem visual, e deixaram de ter contatos diretos com os colaboradores, ou mesmo não falando a mesma língua dos trabalhadores, comunicam e decidem à distancia, sem emoções nem conhecimentos do estado social dos trabalhadores, que são também consumidores. A sua motivação primeira são os interesses financeiros.

Os trabalhadores estão cada vez mais sós em frentes às maquinas, mas estas não falam, não transpiram, nem fazem pausa café. Os trabalhadores modernos são comandados pelas máquinas da geração moderna, o barulho é o seu meio ambiente, sem música, que é muita das vezes interdita. As doenças modernas aparecem, cada vez mais frequentes, sem que pessoa se interesse pela consequência na sociedade. Estas doenças são pagas pelos outros trabalhadores, que ainda não estão doentes.

Os trabalhadores em 2017-2020 serão substituídos como os cavalos de corrida. Não corres? Vais para o talho!

**Testemunha das minhas viagens de meditação**

## Capitulo V

A felicidade e dinheiro

Angus Deaton, economista britânico, recebeu o Prémio Nobel em 2015 por uma investigação sobre o consumo, pobreza e bem-estar. Diz-nos que o dinheiro pode comprar a felicidade, ao menos no sentido de satisfação da vida, dizendo também que o grau de satisfação da felicidade é relativamente curto em relação à satisfação da vida, explicando que as pessoas que têm pouco dinheiro estão poucos satisfeitas com a vida, mas os que têm muito dinheiro têm também carências de felicidade, porque a felicidade é movente e a satisfação na vida também.

Para gozar da felicidade ou da satisfação da vida, temos de ter os desejos definidos, e se estes se realizarem somos feliz e satisfeitos brevemente, até outros desejos
e sonhos serem realizados. A felicidade, ou satisfação na vida, caminham sempre na nossa frente. Uns apanham-na rapidamente e por alguns momentos, outros apanham-na por algum tempo.

Funciona, aliás, como o prazer e luxo. Caso se consiga ter dinheiro para comprar o luxo ou ter saúde, para realizar um prazer, seja físico ou material, a partir do momento em que é possível obtê-lo, encontra-se uma satisfação ou felicidade passageira. A felicidade e a satisfação nunca são definitivas, porque elas dependem de uma grande parte do outro, exemplo para comprar um valor para realizar a nossa satisfação, temos de o obter através de uma compra ou de um legado, mas só o outro pode decidir sobre a venda ou legado deste valor.

Meu Deus! Porque está tão ligado o dinheiro à felicidade à alegria dos homens? Segundo alguns sociólogos, gastar dinheiro em conhecimentos e experiências traz mais felicidade do que gastar em coisas, para mim a polémica é que não se sabe o valor de uma experiência, e que tem as vantagens de se poder partilhar gratuitamente, mas as coisas não, as coisas quando não são vendidas destroem-se como lixo, negando a felicidade e a satisfação aos sem recursos, milhões de toneladas de mercadoria é destruída para dar lugar a novas mercadorias, muita das vezes igual.

Meu Deus, aqui se vê a maldade do HOMEM, ao não querer oferecer a satisfação aos outros. Somos todos testemunhos de atos de maldade, deliberadamente consumados, assim o dinheiro ganho sobre a felicidade.

Quando vejo toneladas alimentos deitados fora, destruídos ou queimados, em vez de os dar ou vender aos mais necessitados.

De ver toneladas de roupas destruídas para renovar os novos stocks, eu sinto-me aflito como testemunho.

Mas tenho de liberar aos pensamentos do filosofo SENECA que diz que ninguém pode viver feliz sem viver honradamente. Seneca impulsiona a condição humana. As virtudes, como a paciência, coragem e perseverança, terminando num homem sábio e perfeito, nascem a cada 500 anos. Notas tiradas do livro de Séneca - *A Vida Feliz*.

Meu Deus, nós somos escravos do dinheiro. Somos escravos dos juros e do capital, em cada produto e cada artigo são incluídas despesas com juros. Uma grande parte dos impostos que pagamos é para pagar a carga de juros do nosso estado, assim se faz com que o capital cresça e cresça... Quem paga é o consumidor.

**Fabian Godsmied dizia!**

Todos nós somos escravos de juros e, portanto, escravos do capital. Em cada produto, em cada artigo, são incluídas despesas com juros. Uma grande parte dos impostos que pagamos para a carga do nosso estado, no final quem paga é o consumidor.

**Capitulo VI**

Os salários, tiro-o deste pensamento, (na sua razão e mais-valia). Marx, que dizia que o trabalhador deveria somente trabalhar o tempo de trabalho para viver. O excedente merecia ter uma taxa de exploração.

Mas o que é um verdadeiro salário?

O verdadeiro salário é aquele que permite a um trabalhador, ou uma trabalhadora, viver corretamente e poder alimentar e dar una educação os seus filhos.

Mas na realidade, não é possível. Há trabalhadores e trabalhadoras pobres, que trabalham 10 horas e mais por dia, e não conseguem viver decentemente. Hoje até se diz que são os "workspawers",os "trabalhadores podres", em português.

A mais-valia é uma expressão do âmbito da Economia moderna, criada por Karl Marx, que significa parte do valor da força de trabalho, dispensado por um determinado trabalhador, na produção, e que não é remunerado pelo patrão.

Também se pode traduzir como um excesso de receitas em relação às despesas.

É curioso verificar que o método capitalista, enganando o trabalhador, dizendo-lhe que as suas competências são uma mais-valia, este por sua vez vai investir de vantagem nos seus deveres de produção, em detrimento de qualidade de vida, e no final vai receber somente uma pequena percentagem. Esta teoria deve ser negociada com determinação pelos trabalhadores, para forçar um aumento de salários significativo.

Hoje o trabalhador trabalha numa mais-valia relativa apenas 30 a 40%, o resto é uma mais-valia absoluta que se situa entre 60 e 70 %, e é por isso o aumento de desemprego significativo em momentos de crise económica e financeira.

O desemprego não significa que os capitalistas ganhem menos, ou tenham menos benefícios, pois estes estão sempre cobertos pela mais-valia absoluta: o trabalho das novas tecnologias.

As novas tecnologias melhoram o aumento da produtividade e eliminam a mão-de-obra. Com este método o salário do trabalhador é pago em menos dias.

Poderíamos dizer que as novelas técnicas fazem com que o desemprego aumente, portanto o tempo de trabalho deveria diminuir. Os dois sistemas, sendo relativos ou absolutos, concedem lucro aos empregadores.

O problema que os dois métodos trazem, é mais ao nível social, pois temos trabalhadores que trabalham muito em pouco tempo, e temos trabalhadores que procuram trabalho em vão.

Meu Deus! Quando penso nos teus ministros, que são de milhares e que não fazem nada para a economia dos países. Penso eu, que seria tempo de mudar os hábitos, e os fazer trabalhar para ajuda dos mais carenciados e dos desprotegidos.

**Adam Smith**

No seu livro (Riqueza das Nações), apresenta uma questão relacionada com a flama da conquista permanente dos valores, como ele chama sentimentos morais, dizendo que numa economia política, apoiando ou não, intervencionismo é essencial.

Assim, o homem como é um ser insatisfeito, vai-se librar ao trabalho até ao desbastado final, para adquirir cada vez mais valores de consumo, provocando uma argumentação de despesas pessoais, o que vai obrigar a trabalhar cada vez mais. A desigualdade é vista como um incentivo de trabalho e enriquecimento. Claro que Adam Smith não se preocupou com a partilha dos benefícios que deviam vir aos trabalhadores. O egoísmo do homem é uma fonte de produção, raro é o homem que pensa na comunidade primeiro que ele.

## Meus Deus

A busca da felicidade é o bem de maior procura, estas são palavras de Aristóteles.

Portanto, a felicidade, ao teu lado sentada, à direita, pode ajudar e a dividir em milhões de milhares em duodécimas, satisfazendo aqueles que sofrem sem saber as causas. Ainda ontem vi uma jovenzinha de 12 anos, que estava com os espíritos malignos dentro dela e que estes falavam para as pessoas que estavam presentes para lhe deitarem água benta, e davam a beijar a tua cruz, e os espíritos cuspiam e falavam sujidades. Eu sei que podes fazer alguma coisa, porque não fazes? Esta menina, que só quer ter felicidade e viver no amor dos seus familiares, precisa de passar estas coisas na tua presença... Desculpa pela minha revolta, mas é mais uma história verdadeira que me magoa, eu não posso ajudar, e os teus ministros também não, ou dizem que não podem porque os ministros superiores os impedem.

O autor refere-se a um caso autêntico que se passou, numa aldeia do norte de Portugal.

Sei que o tempo é o grande remédio de todas as misérias, com o tempo tudo passa, e com o tempo tudo se cicatriza, as marcas ficam para sempre, mas a felicidade chega muitas das vezes depois de um sofrimento.

## Capitulo VII

Notícias após o atentado do 13 de novembro de 2015 a Paris, França.
Meu Deus, onde estavas tu na sexta-feira, 13 de novembro de 2015?

Um grupo de afamados da morte e invadidos pelas crenças diabólicas e suicidas.

Assassinaram inocentes de todas as confissões, com armas de guerra, e tu onde estavas?

Não me digas que eles também merecem o teu apoio... Quando vejo estas injustiças na sociedade começo também a pensar que tu começas a ficar velho, já não tens a coragem para resolveres os problemas dos Homens, diríamos que tu provocas conflitos para melhor usufruir dos leigos no teu escondidinho canto.

Podes-me informar o porquê de tanto ódio, fazem a guerra por guerra, todos deixam sair no canto da boca a espuma do ódio, e tu não te esforças para parar estes massacres.

Se tu fizesses um dia sem guerra no mundo quantas centenas de inocentes tu darias a felicidade, atrasarias a morte, e se um dia pensares de entupir todas as armas do mundo, quantos milhões de crianças davas tu a esperança de viver e de te amar. Eu não te quero dar conselhos, isto são migalhas de soluções a que só tu podes dar satisfação, para que todos possamos viver sem medo.

## A inveja

Meus Deus, ninguém sabe a idade da inveja, segundo muitos psicólogos ela nasce connosco e cresce connosco. Meu Deus, tu classificaste como um pecado capital, e está no meio dos outros pecados capitais. Porque tem ela de nascer connosco? Ela é velha e anda sempre a mudar de aparência, ela mistura-se com as coisas e as pessoas sempre com o objetivo de fazer sofrer e rasgar a confiança de uns e outros, pois quando o nosso vizinho compra alguma coisa ficamos com inveja de ele ter essa coisa primeiro do que nós. Poderíamos antes admirar o nosso vizinho por ter conseguido primeiro que nós!

A inveja é como uma pedra no sapato, que se não nos livrarmos dela, impede-nos de caminhar!

A raiva e o ódio são a estrutura da inveja, que dá origem à tristeza e a doenças incuráveis, o sentimento do bem é admiração.

Segundo os psicólogos, as mulheres invejam as outras mulheres por causa das roupas, cabelos ou sapatos, as mulheres e os homens invejosos deviam transformar a inveja em admiração e assim encontravam a felicidade... Só tu, Meu Deus podes ajudar esta complicada situação, a inveja é um travão ao contentamento, a inveja é envergonhada e cega, o invejoso só vê os outros, não se vê a ele.

Meu Deus... Eu encontro pessoas que me dizem isto... Eu estou cheio ou cheia de inveja, e olhando para a pessoa, vendo que ela dá uma imagem de não ter nada a invejar, pergunto-me a mim mesmo, será a inveja invisível?

# Capitulo VIII

## A ira

O significado, pois a ira, faz parte dos sete pecados capitais, este comportamento que se encontra nas pessoas e governos, que não têm sentimentos pelos direitos do seu povo, estão sempre contra alguém ou contra uma coisa, seja ideia ou valor. Na ira encontram-se os sentimentos de raiva, cólera e fúria, que é muita das vezes traduzida por impetuosidade. Meu Deus, porquê tanto esforço, gasto nestas atitudes de vingança.

## A gula

É a ligação à comida e bebida, mas em moral a gula está ligada a todos os prazeres, vícios e virtudes capitais, a gula é vizinha da grandeza, orgulho e ambição, a gula provoca muitas misérias com o seu cinismo cego e inumano, limita o ser humano da partilha.

Na sociedade atual há empresas capitalistas que armazenam cereais e outros alimentos, criando assim uma falta de produtos, podendo depois vender a um preço exagerado por dez vezes ou mais aos consumidores, ou mesmo aos pequenos produtores.

## A avareza

A avareza, ontem considerada como um pecado capital, sociedade de consumo e produção de hoje tornou-se uma virtude!

Isto não é uma avareza, passa a ser um desejo, e então encontramo-nos na dificuldade de saber se a avareza é um pecado ou uma virtude?

Hoje não se pode dizer, como Santo Agostinho o fez quando ele fala sobre amar: "Eu amo a Deus".

Hoje não se pode responder assim, para mim o amor não justifica tudo, o desejo e o amor são muitas das vezes cegos.

Hoje, na vida, tem de se ter para ser, e como se diz num ditado antigo, quando a fome entra pela porta, o amor sai pela janela.

No nosso mundo contemporâneo vivemos com cálculos em relação a muita coisa, mas em especial em relação ao dinheiro. Encontramos o cálculo da autonomia para atingir o prazer ou um desejo, o dinheiro enfraquece o homem nas suas ações com o seu semelhante.

**A avareza e a consumação**

Não ser escravo daquilo que não é necessário!
Quando o dinheiro se transforma no fim de si mesmo.
Vivemos num mundo de consumo exagerado, temos uma quantidade de sapatos ou camisas, temos televisão em cada quarto de casa, temos um ou vários telemóveis, e temos um carro para cada pessoa da família.

Somos conscientes da miséria e carências que vimos, mas passamos sem o olhar e sem ouvir.

O Calvinismo ao século XVI transformou a avareza em reserva calculável, e assim a avareza veio em forma de virtude.

A revolução industrial, que foi um grande evento no século XIX, também utilizou avareza como uma filosofia de reserva positiva, aumentando as reservas dos produtos e de dinheiro para fins de sobrevivência, eventuais ou numa filosofia de atacar o outro, e assim lapidou as matérias-primas aos Estados mais pobres em técnicas industriais.

O homem moderno deixou-se invadir pela avareza e idolatria (amor excessivo) para encontrar a seu contentamento, com uma filosofia que passa por o dinheiro não traz felicidade, mas manda buscar!

No mundo contemporâneo a relação com o dinheiro é desmesurável.

O medo das insuficiências deixa as pessoas presas aos bens adquiridos, e assim a generosidade e bondade torna-se um fruto raro, a avareza não deixa o avaro viver pacificamente, tornando o indivíduo numa pessoa agressiva e hostil.

**A luxúria**

A luxúria está ligada ao sexo desejado ou sexo consumido por impulsões, o pecado da luxúria aparece quando se ultrapassa os limites. Como se vê no filme SHAME naquela cena do metro quando o homem se possui de impulsões e desejo pela menina sentada à sua frente, ele percorre todo o seu corpo, despindo-a totalmente com os olhos, e ela dá-se conta que está em perigo, fugindo com medo, porque sabe que ele é capaz de a levar mesmo para o quarto de banho mais perto para satisfazer os seus desejos. O luxurioso é mergulhado no seu desejo e nos seus vícios, e tem sempre um plano A, B, e C, quando não se pode satisfazer com uma passa à outra, assim de seguida.

**Shame**: se traduz por pena ou vergonha.

O luxurioso (a), é uma pessoa conflituosa, violenta, sem sentimento, animado pelas suas impulsões.
Meu Deus sabendo que tu és um defensor da castidade, mas que sabes também que para falar de sexo é preciso ter prática, como pensas que os teus servidores podem explicar aos laicos a experiências do bem e do mal em relação ao sexo?

Felizmente que eles praticam o sexo nas tuas costas assim pelo menos, podem explicar as suas experiências.

As relações homens e mulheres são animadas pelo sexo, seja no trabalho ou noutras relações sociais, o ser admirado e desejado é um sinal de satisfação constante.

Se um homem diz a uma colega de trabalho: "tu és gostosa!" Com simpatia e respeito pode fazer que a sua colega tenha um dia feliz só porque se sente que é desejada.

A diferencia entre o sexo pago e o sexo grátis, o sexo pago é uma consumação dentro de um tempo fixo e não custa mais nada do que o dinheiro. A fornecedora ou fornecedor de sexo, não pede mais nada do que dinheiro, e no fim da hora ou dia acaba o seu contrato com o consumador. A mesma coisa não se faz no sexo grátis, este pode custar muito dinheiro mas gasta tempo e destabiliza totalmente a vida das pessoas, o medo a ansiedade e desassossego são os

sentimentos mais correntes no espaço do sexo grátis.
O adultério é também uma componente do sexo grátis.
Atualmente o HOMEM consome tudo em relação ao sexo.
Sejam produtos de alimentação, bebidas, roupas, livros,
filmes e em todos os vícios de consumo. Agora o sexo está em
todos os produtos de consumo os Deuses dos MARKETING
compreenderam-no há muito tempo.

## A preguiça

Estou consciente de que as minhas palavras não vão mudar
nada, nas pessoas que estão a ser abeberadas com tantas
noticiais bárbaras, comportam-se como um doente diabético
que não reage à insulina.

Lembro-me que alguém antes de mim para não o citar
(Epicuro) queria liberar o homem de duas pragas que os
entravavam de encontrar a felicidade: o receio dos Deus e o
susto da morte.

**Epicuro** afirmou que os Deuses existem, mas segundo ele
seriam seres perfeitos, que não se misturam às imperfeições
e às desgraças da vida humana. Desculpa meu Deus para mim
não são Deuses perfeitos! Epicuro diz também que os Deuses
perfeitos vivem em perfeita serenidade, nos espaços que
separam os mundos.

Não posso acreditar que estes Deuses também cometam um
pecado mortal que é a **Preguiça,** e se escondam dentro da
carapaça da moleza para não agir e trazer aos homens a luz
da verdade e do amor.

A preguiça nos traz a improdutividade, mas ela também nos

impede de cometer outros pecados.

Nietzsche ataca a preguiça, dando valor ao trabalho, se nos analisamos bem existe a preguiça nos homens laboriosos. A preguiça pode ser positiva e mesmo um medicamento.

A preguiça, acídia, a melancolia dá tristeza e prazer, a preguiça tem asco pelo esforço em general, provoca a improdutividade e forma um estado afetivo ausente, sentimentos esmagadores da miséria da nossa existência.

Hoje no homem moderno, a preguiça não tem lugar. Dá-se muito valor aos intranquilos, estes agitados que trazem agitações no mundo do trabalho e da sociedade, estes que estão sempre na luta pelos primeiros lugares nas atividades, estes que dominam os tempos de repouso, provocando doenças do trabalho, ligadas ao cansaço, doenças diversas da modernidade, stresse e intranquilidade, e cria os escravos modernos do trabalho.

A escravidão mental trazida com as especializações paralelas e singulares.

As atividades dominam o repouso, em relação à vida moderna a preguiça tem um valor de fachada.

Hoje os trabalhadores fazem a mesma coisa em menos horas, e existe um grande dilema com o tempo de trabalho nas empresas.

A lei do Ócio deveria entrar em vigor: todos os dois anos para todos os trabalhadores, durante 3 meses, para estes gozarem dos seus lazeres de inação, mas com a segurança que é um fator importante para a sobrevivência laboral. Hoje vivemos num mundo desesperado, temos de utilizar palavras desesperadas para resolver um assunto desesperado.

## A vaidade

**Meu Deus:** vivemos num mundo de vaidade, a vaidade nos acompanha e vive connosco é vizinha e companheira de vida, queremos ter tudo e melhor rivalizámos sempre com aqueles ou aquelas que pensamos estar melhores e mais felizes do que nós, e assim através da vaidade e pompa ou orgulho, entramos na vaidade de não sermos nós, vimos arrogantes com um conteúdo que se baseia em aparências falsas e mentirosas.

## O vaidoso é um inculto de si mesmo,

A vaidade é muito das vezes o elo de motivação da expressão inglesa "Knowledge is power", que quer dizer em português conhecimento é poder, apesar de esta expressão ser muito utilizada pelos científicos, faz parte também de outras atividades, que visam motivar as pessoas a estudar intensivamente ou a trabalhar exaustivamente.

Podemos viver sem vaidade? A reposta é sim, mas riscamos de não interessar a muita gente no meio social. Porque não motivamos o outro a nos apreciar, o homem ou mulher moderno procuram ser apreciados em todo o momento, faz parte da procura à felicidade. Não confundir com satisfação.

Vários filósofos pensadores trabalharam sobre a vaidade, Pascal, Tomás de Aquino e Adam Smith, todos ligaram a vaidade, aos benefícios futuristas, sejam intelectuais de semelhança ou materiais, para mim a vaidade, ao contrário ao pensamento de Tomás de Aquino que não faz uma distinção clara entre vaidade e **orgulho**, eu penso que o orgulho se liga precisamente na vaidade, em todos os ditadores se encontra o orgulho para satisfazer a vaidade. A crença é também um elo para a vaidade para a concretização da riqueza e fama pessoal, segundo Adam Smith.

A vaidade é passageira, nós passamos a vida e a terra fica, o orgulho é um vício, o mundo está constantemente em movimento, tudo desaparece e se cria em movimento.

Vaidade é como a humildade: em exagero não é boa.

**O orgulho**

O homem moderno pode viver sem orgulho? Não. Sem orgulho nem vaidade não se pode viver neste mundo moderno e, segundo os filósofos, o orgulho é o pecado da vaidade.

O Portugal seria campeão da Europa de Futebol sem orgulho e humildade? Em meu entender não, pois para ganhar este campeonato da Europa sem orgulho e sem humildade de respeitar os adversários (a humildade, é a ausência de orgulho) não teríamos a vaidade de levantar o caneco.

O orgulho exagerado provoca conflitos desesperados nas famílias, empresas e sociedade.

O orgulho faz parte da nobreza íntima de uma pessoa, ou

sentimento positivo, em relação aos outros.

O homem, quando se sente humilhado, ou sofre um fracasso, diz que o seu orgulho foi ferido, e o contrário viu-se precisamente no triunfo dos nossos jogadores, um orgulho etéreo de satisfação.

Uma pessoa, sem orgulho é uma pessoa sem interesse, não é produtiva.

Uma pessoa com muito orgulho é narcisista, provoca distúrbios no local de trabalho e sociedade, é uma pessoa vaidosa e arrogante.

Mas em situações da vida, o brio é necessário para atingir os conhecimentos. Agir com brio é uma das proposições de Kant para ter um comportamento moral correto.

Os estudantes ou pessoas que dentro das suas profissões desanime, pela dificuldade de entendimento, tem que ter este brio para conquistar as contrariedades.

Exemplo: Um estudante que não compreendeu um texto de filosofia de Kant tem de dizer: o autor escreveu isto, e eu não compreendo! Mas o que é esta porra! Deve ter a coragem para ler e trabalhar o texto até tirar a sua compreensão, positiva. O mesmo se pode passar com os trabalhadores no seu trabalho. Nada foi feito para ser compreendido por só duas ou três pessoas, mas se for o caso, pode ser bom pensar que você é uma delas. Kant no seu pensamento lhe chama também vontade ou desejo de conhecer.

## Capitulo IX

Meu deus! Estamos no dia 22 de março de 2016 às 8h00 da manhã.

Mais uma vez os afamados (os niilistas) da morte atacaram os inocentes, quando estes partiam para os seus trabalhos, pois estou a falar dos ataques terroristas do aeroporto e do metro de Bruxelas, e tu onde estavas meu Deus? Mais uma vez, estavas tu como ontem quando os mesmos sanguinários mataram friamente mais de cento e vinte pessoas em Paris. Meu senhor, os teus filhos que creem em ti, estão a passar momentos de medo e ansiedade. Esta impaciência constrói dúvidas sobre a nossa moral e ética, e uma desconfiança sobre os outros que não partilham a nossas convicções.

Niilista: negação dos valores de um grupo social ou de uma cultura do senso de vida (um niilista adora a morte). Nega os valores da terra, o niilista pensa de uma vida melhor no além ao detrimento do aquém.

Eu não quero escrever este livro para que os homens me digam, a minha esposa deita-se contigo! (claro fazendo referência ao livro, quando o leva para ler na cama) não procuro brandir a minha imagem, só procuro dar umas dicas para que a humanidade não suprima ninguém à sua volta, porque ao momento de excluir se fabricam também insetos venenosos da sociedade. Meu Deus, tu também resististe com ao diabo para poderes melhor defender e segurar os teus filhos é melhor saber onde os maus estão do que pensar onde eles podem estar.

Um pouco de alegria, Meu Deus! Pois até há pessoas ligadas ao futebol que contam contigo para terem mais sucesso nos jogos, eu sei que tu não és jogador de coisa nenhuma, para ti os vencedores são aqueles que se aperfeiçoam com as derrotas, tu és alheio às medalhas e aos troféus, e muito mais a pódios, mas viu-se no Campeonato da Europa 2016, realizado em França, muitas situações de fé e crença, treinadores que rezavam. Jogadores que se benziam antes de entrar em campo e, quando saiam dos relvados, houve mesmo aqueles que deram uma pinta de místico nos resultados finais.

Meu Deus, mas o bem disto tudo é que todos ficaram satisfeitos de participar seja quais forem as suas religiões. Só por isto eu tenho de te agradecer o bem que todos te atribuem, durante estas datas nada sucedeu de pavoroso. Até se começou a crer que os diabinhos terroristas estavam a mudar. Mas não, o câncer é duradouro.

O tumor maligno continua a atacar-nos, no dia 14 de julho (data da festa nacional francesa), 24 horas um camião conduzido por um terrorista frio e sem sentimentos, lançou-se pela rua de Nice, matando 84 pessoas entre elas muitas crianças, e feriu 202 segundo as informações, num dia de festa para todos os franceses e todos os democratas do mundo, esta multidão que acabava de celebrar a Queda da Bastilha, foi atacada pelo terrorista de Desch Mahamed Lahouaiej-Bouhlel, de 31 anos que avançou com o camião sobre a multidão.

Logo a seguir na TURQUIA, onde se pensava que nada podia acontecer, uma tentativa de golpe de Estado das forças militares contra o governo fez 265 mortos e mais de 1450 feridos. Os militares Turcos já fizeram vários golpes de Estado durante a sua existência, este foi o único que eles não conseguiram realizar e assim muitas dúvidas sobre a origem desta tentativa de golpe de estado alimenta a imprensa internacional. O presidente Erdogan decretou o estado de urgência, fez prisioneiros mais de 9.000 pessoas, fechou dezenas de escolas e de tribunais.

O atentado de Munique, em 22 de julho 2016, por um terrorista dupla nacionalidade iraniana e alemã de nome Ali David Sonboly de 18 anos, que está identificado como terrorista Daes. Fez dez mortos e trinta e cinco feridos, a Alemanha viveu horas de terror, pois pensava-se que os terroristas eram muitos, mas finalmente aperceberam-se de que era um, que acabou por ser morto.

A terça-feira, 26 de julho de 2016, foi marcada por uma tragédia terrorista em que mais uma vez os amigos da liberdade, democracia e amigos dos outros foram reduzidos à tristeza, com a morte do padre Jacques Hamel 86 anos, assassinado com uma arma branca quando oferecia a eucaristia aos fiéis na Igreja de Saint Etienne du Rouvray em França.

Este ato cometido por dois jovens (Adel Kermich, 31 anos e Abdel Malik Petigean, 19 anos) deixou toda a França em lágrimas, os dois terroristas foram mortos em seguida num confronto com polícias, e o grupo terrorista Daes reivindicou o atentado.

Uma guerra tão perto e longe de nós, que há muito tempo começou, e em que todos os dias os bombardeamentos matam inocentes às centenas, e fazem fugir milhares de pessoas, crianças e adultos, a maioria de jovens. Estas populações, que vivem há anos na fome e tristeza, que enfrentam a morte a cada momento, estes que nem tempo têm de enterrar os seus, passam quase despercebidas, porque segundo os políticos são os frutos da guerra.

Outros países, estão também tristes pelos acontecimentos, especialmente aqueles que se passam na Europa, mas os mesmos fabricam e livram toneladas de armamento e munições para continuar a destruição massiva, como um buldózer que devasta tudo na sua passagem.

Só com um objetivo egoísta de ganhar muito dinheiro, dizendo também que dão muito trabalho, pois segundo os próprios, se as fabricas de armamento não trabalhassem, haveria muito desemprego, como a desocupação fosse uma razão de fazer a guerra.

O capitalismo liberal transformou a palavra crise em diabinho social, todos nós vivemos com medo da crise.

A palavra crise tomou conta da nossa alegria e de todos as nossas emoções.

Compramos mais a pensar na crise.

Matamos mais (animais) a pensar na crise.
Pescamos demasiado do que o suficiente a pensar na crise.
Produzimos mais a pensar na crise.
Matamo-nos ao trabalho a pensar crise.

Pois são estes comportamentos que nos diferenciam dos outros animais, uma vez que nós temos a possibilidade de pensar, não vivemos com o presente, mas sim na prevenção das necessidades do futuro.

Fazemos tudo para garantir conforto para nós ou para os nossos procedentes, ora sabemos que as crises foram e são sempre passageiras. Segundo Albert Jacquard a crise é uma ocasião de renovação maravilhosa na sociedade.

Oiço notícias dos teus servidores de Roma, que gastam um dinheiro enorme para visitar o mundo para chegar perto dos crentes, enquanto outros são deixados esquecidos, não seria melhor ter ações em que todos participassem sem deferências nem injustiças, para mim os teus representantes praticam um dos pecados mortais, que é vaidade e narcisismo, as igrejas e basílicas cheias de riqueza e a vomitar fortunas, e às suas portas os excluídos, os pedintes, onde a bicha continua sempre a engordar.

A nossa religião cada vez é mais virada para o capitalismo, no Vaticano recebem-se somente os presidentes, governos e pessoas que se dizem importantes socialmente ou politicamente, esta maneira de receber são comportamentos em que as diferenças, sociais são bem marcadas, recebem-se mais os ricos do que os paupérrimos.

Ultimamente tivemos um dos teus representantes supremos, que convidou uma família de refugiados a habitar no Vaticano, todos nós olhamos como uma atitude positiva e de bom senso. Mas, quando olho a cidade do Vaticano em Roma, vejo tantos paupérrimos a mendigar, pergunto a mim mesmo o porquê de se fazer tal gesto de humanidade tão longe, em vez de o fazer aos pobres que estão aos seus pés no Vaticano. Ao ver isto dá-me vontade de dizer que a vaidade também é um jogo de humildade, que querem os teus representantes mostrar.

Realizou-se em CRACÓVIA POLÓNIA no dia 30 de julho 2016 a jornada Mundial da Juventude (JMJ), com a presença do Papa Francisco, jovens que passaram noites ao relento no "CAMPUS DA MISERICÓRDIA", e que esperam através da fé e orações com o Papa ter uma vida de Paz, mais sossegada e segura. Enquanto isso, outros atravessam mares e marés para fugir à chuva das bombas, que os maus e os bons decidiram de devastar, suas casas, escolas e hospitais, os devastadores que são na maioria os pais e países destes jovens que rezam, para um melhor mundo, e para a PAZ em CRACÓVIA. Mas, ao mesmo tempo, dilatam-se na riqueza das guerras que os pais ou o país fazem, em que os beneficiados são eles mesmo. O dinheiro ajuda a não passar sofrimentos, e a não ter emoções de empatia com aqueles que sofrem.

Passam o dia sem ter um olhar de indignação para com os cúmplices da guerra, das injustiças e atos macabros. Rezamos e oramos para que a guerra nos traga a PAZ tão desejada, mas continua-se a trabalhar para que a guerra continue a fabricar bombas ou armamento, chorando lágrimas de crocodilo, enchendo as contas bancárias com a venda das armas que tanto fazem sofrer. São os países ditos pacíficos que constroem mais armamento para a guerra.

Assim continuamos, Meu Deus, todos com estes males a que nos começamos a habituar, como os pacientes atingidos por um cancro, sofrem, mas não param de viver e de se divertir para esquecer o sofrimento e garantir os valores de liberdade e alegria.

No dia 5 de agosto 2016 começaram os Jogos Olímpicos no Brasil, o país católico e o país do samba, onde a riqueza se confunde com os pés descalços dos pobres e necessitados, e com a exuberância do capitalista do Desporto universal.

Esta superabundância que se vê nas infraestruturas dos jogos Olímpicos faz-me pensar como as pessoas mais sensíveis às injustiças sociais aceitam tal evento desmesurável, pois a maioria dos prédios construídos para os jogos são destruídos em seguida, não deixando sequer rastos da sua magra existência, por muitas razões a principal é uma construção fraca que não é feita para durar no tempo, a segunda é porque é muito dispendiosa a sua conservação.

Um Brasil que nos habituou a viver entre a pobreza e riqueza, os cariocas, sejam pobres ou ricos, com um samba esquecem o que é pedir o essencial, como escolas, hospitais e meios de transportes.

Os bilhetes de entrada, a comida e bebidas são muito caros para a população carioca, os estádios estão meios vazios, os jogos olímpicos tornaram-se um evento de ricaços... é uma porcaria! Onde se vêem lágrimas e alegrias passageiras, e onde os ricalhaços enchem os bolsos e modificam os comportamentos de consumo por algum tempo.

Os cariocas precisam de muito pouco para viver a nível de vestimenta, gastam muito pouco com roupas por causa do clima, vivem entre o sofrimento e alegria.

Meu Deus, acabo de ter conhecimento de um grande terramoto (abalo sísmico) em Itália, a cerca de 150km de Roma, que fez mais de 200 mortos, 400 feridos e centenas de casas destruídas, os refugiados vieram ao socorro das vitimas do terramoto, é isto a fé do homem para o homem, os socorridos de ontem dão uma nova vida aos seus salvadores.

Assim vamos vivendo, uns ajudando ou condenando os outros, até que um dia sejamos confrontados a lutar, contra a própria natureza na qual não podemos decidir nada.

Meu Deus, tive imensa alegria em falar contigo pois tu me deste a clareza de pensar e te pôr certas questões livremente, mas continuo a caminhar ao teu encontro, pois quero-te encontrar para te poder agradecer o bem que fizeste à humanidade, mais precisamente aos jovens, para que eles continuem a construir juntos e livres um mundo onde o Amor, Paz e Felicidade são o objetivo final. Não quero ser mais um descontente, só quero ser humildemente um servidor dos HOMENS.

**A natureza e as estações renovam-se todos os anos!**

**Livro terceiro**

**Capitulo 1**

**Estilhaços dos meus pensamentos**

**O bem e o mal**

A minha reflexão sobre o bem e o mal. Tanto o bem como o mal são gémeos, sendo que nós muitas das vezes escolhemos um, por ironia do destino.

O medo, covardia ou a falta de voluntarismo, condicionam-nos muitas das vezes na escolha. O mal não é só que se faz de errado, mas também aquilo que nós vimos que é errado. Mas o bem é idêntico, mas sem sofrimento.

O medo faz-nos tomar decisões contrárias à razão do nosso intelecto, não nos deixando reagir em total liberdade, tanto o bem como o mal não existiriam um sem o outro.

Vários filósofos mostraram que para ter uma ação entre o bem e o mal, o esforço é o mesmo, defendendo as emoções de alegria para o bem e sofrimento e tristeza e sofrimento para o mal.

O filósofo alemão Arthur Schopenhauer (1788-1860) defendia a doutrina de que a vida é um sofrimento com este pensamento, tentando mostrar como é importante a inclusão da vontade quando tratamos dos problemas que envolvem a ética e moralidade humana.

Temos geralmente tendências para bendizer e valorizar as pessoas que são boazinhas, enquanto as outras, que são agitadas, ruins ou desordeiras, estas são denegridas ou postas à parte pelo resto da sociedade.

O mundo social não poderia existir sem as pessoas ruins, pois estas fazem os bonzinhos existir, os ruins criam mais riqueza do que os bonzinhos, porque fazem trabalhar a justiça, fazem construir prisões, e sem eles polícias, guardas e empregados dos tribunais seriam todos desempregados, e a economia seria mole.

Um mundo só de bonzinhos ou mauzinhos não é aconselhável na sociedade atual, os bonzinhos são os pacíficos que ficam como os espetadores, à espera do resultado final.

As pessoas menos crentes, dizem muitas das vezes, se Deus existisse, não deixaria o Mal existir!

Deus, como criador e decisor fez o Bem para a balança do equilíbrio dos HOMENS.

Agora, vou utilizar de alguns aspetos do pensamento de Arthur Schopenhauer 1788-1860, para mostrar como é importante a inclusão da vontade quando tratamos dos problemas que envolvem a moralidade humana. A essência do pensamento de Schopenhauer está na sua obra "O mundo como vontade e representação", e nela o filósofo desenvolve uma teoria que explica que tudo que o mundo inclui ou pode incluir é inevitavelmente dependente do sujeito, não existindo senão para este. O mundo, portanto, é representação: "Tudo o que existe para o conhecimento, isto é, o mundo inteiro, nada mais é do que o objeto em relação com o sujeito, a perceção que se dá pelo espírito que percebe, em suma, ``representação". Os valores morais têm uma grande influência no equilíbrio das relações com o outro, na vida em sociedade, os valores morais são fundamentais, pois ordenam os procedimentos entre os grupos na vida ao quotidiano. Os valores morais, em que pensador se referia, estão ligados aos valores cristãos, que era uma linha já pensada por outros pensadores, como Sócrates e Kant, mas com a chegada turbulenta de Nietzsche dizendo que os valores morais não são problema, mas sim os que os homens entravam de acordo na hipocrisia. Segundo Nietzsche, a moral é uma falsidade. Schopenhauer classifica o egoísmo como a primeira motivação moral, e este tem de se combater.

**Conclusão do meu pensamento**: na vida moderna os valores morais, que ditam o nosso comportamento, foram ensinados nos primeiros anos de vida, pela sociedade em que vivemos, e eles nos dão em qualquer parte uma facilidade do melhor modo de viver. Hoje, na vida moderna, engana-se e mente-se com muita frequência em nome da moral, para atingir os objetivos de grupos ou pessoas. O egoísmo não é único dos obstáculos aos valores morais, podemos ajuntar a arrogância, prepotência, presunção, etc..

**A guerra e a paz**

Muitas das vezes ponho uma questão de ordem gnosiológica, e se a GUERRA não existisse, e se em vez de termos as escolas de Guerra tivéssemos as escolas de PAZ, e se os conflitos e diferenças de interesses entre os países não existissem, seríamos nós contentes e felizes?

A minha segunda questão é, quem provoca as GUERRAS?

Os países?
Os mauzinhos?
Os pacíficos?
Os fabricantes de material de Guerra?
As religiões?
As finanças mundiais?
A economia mundial?
Os grandes patrões?
Os trabalhadores?

Uma coisa é certa a guerra provoca o medo do ser humano depois da sua existência, o ser humano sempre viveu em guerra seja como ator ou observador. Efetivamente, podemos colocar muitas questões de quem provoca a GUERRA, e os motivos são muitos. No entanto, uma coisa é certa, o HOMEM sempre utilizou a violência para sobreviver, o único ser animal que é capaz de matar para assegurar a sobrevivência do seu futuro e da sua família.

O homem não mata por instinto nem faz nada por instinto: é isto que o diferencia dos animais.

O homem faz a Guerra quando ele ou sua família se sentem atacados e inseguros, faz a guerra quando a economia vai mal.

O HOMEM é ciumento, é o único ser animal que mata hoje para comer amanhã. O Homem (soldado) muita das vezes participa numa guerra sem saber a sua origem, o soldado mata e morre sem muitas das vezes saber o porquê.

**O diálogo entre Einstein e Freud**
**O porquê da GUERRA?**

Este diálogo passa-se em 1919, no final da primeira guerra mundial, 1914-1918, um dos momentos críticos de todos os tempos da história da humanidade.

Os dois protagonistas sentiram a necessidade de instituir mecanismos políticos, para limitar o desenfreamento da violência, que destruía as relações entre os povos, mas não o conseguiram. Passados alguns anos, viriam a ser observadores do segundo conflito (1939-1945), que viria a ser o mais cruel de todos os tempos 50 milhões de mortos.

No contexto da primeira Guerra Mundial (1914-1918) trouxe

terríveis inovações. O conflito estendeu-se a vários continentes. Foram utilizadas armas de destruição massiva, como o gás mostarda, e outras técnicas, como a aviação que melhorou ou aperfeiçoou o ofício de matar, a carniçaria atingiu proporções nunca vistas, em razão da guerra de trincheiras.

O lamiré criado pelos dois protagonistas deu relevância à criação das nações da Liga das Nações (SDN) em 1919, tratado de Versalhes, mas a maioria dos países permanentes são os construtores de armamento. (China, Estados Unidos, França, Inglaterra e Rússia). Estes países foram incapazes de evitar mais de 200 conflitos bélicos depois de 1945.

Os lucros financeiros e económicos do conflito entre as nações são muito importantes, e por esta razão não podem ser ignorados.

Hoje vêem-se lágrimas de crocodilo nas caras de muitos dirigentes políticos, em relação à Guerra e Paz. A razão principal para fazer uma guerra são as finanças, e para fazer a paz é o medo de perder a sua situação financeira ou paisagem geográfica.

O fim da guerra foi também a época das novas ideologias, como o fascismo, o comunismo que se opunham às liberdades do homem e aos seus direitos fundamentais, com o objetivo de evitar mais guerras, instalaram as fronteiras com a preocupação de um controlo rigoroso. Nas cartas escritas datadas de 1932 lê-se o pessimismo de Freud em relação à paz no Mundo. Einstein, nas suas cartas enviadas a Freud, explica o otimismo que tem nos conhecimentos científicos para estabelecer a paz no mundo.

O primeiro filósofo que falou da guerra foi Santo Agostinho, pensador da Idade Média, não sendo ouvido pelos cristãos, pois estes pegaram nas armas para conseguir os seus objetivos de conquistas através do planeta.

Jean Jacques Rousseau, 1712-1778, escreveu no seu livro (Contrato Social), que o objetivo, sendo a finalidade da guerra a destruição do Estado inimigo, tem o direito de matar os seus defensores enquanto eles tiverem armas nas mãos. Mas logo que eles as deponham e se rendam, deixa de se ter inimigos ou instrumentos do inimigo.
A partir daí, voltam a ser homens e não guerreiros, e não se tem direito sobre a vida destes.

O filósofo Rousseau deixa-nos uma dúvida sobre a guerra justa, como escrevia Santo Agostinho e Grotius, deixando a hipótese de se fazer a guerra só por iniciativa própria de um estado, atacar antes de ser atacado, o que se pode traduzir por iniquidade.

A guerra é um culto: há países que têm muitas dificuldade sem libertar-se dela como, por exemplo, exemplo os EUA, onde a venda de armas é livre e se vive numa cultura de guerra permanente. É um dos povos mais armados do planeta.

Os habitantes dos EUA sentem-se desamparados sem o receio da guerra, têm de ter medo para melhor ter uma postura na vida social e profissional, as armas fazem parte da sua vestimenta, mostram a sua violência antes de ser atacados. Os americanos têm de viver sempre em ansiedade para serem felizes.

A economia americana ligada às armas calcula-se em milhões de milhares de dólares. Os EUA e China são os grandes exportadores de armamento no mundo, mas a Suíça é também um grande exportador. A título de informação, a Suíça vendeu entre 2011-2015, alguns milhões de milhares de armas, o que é uma aberração para um país neutro. Estes países fazem parte dos países com lágrimas de crocodilo, pois choram e se enriquecem com as guerras, que decidem eles fazer?

Isto surgiu na crise económica, da Bolsa de Nova Iorque em 1929, que se refletiu politicamente na Europa, com a consolidação de Mussolini e Hitler, que conduziu à segunda guerra mundial -1939-1945.

Após estes eventos catastróficos para a humanidade, a corrida às armas nunca mais teve trégua.

Eu fico sempre sem a reposta à pergunta, quando se pode viver sem guerra?

## O direito e poder político

Aristóteles foi o primeiro que disse que o homem é por natureza um animal político, é também um animal de direito, outros filósofos falaram sobre o direito e o poder.
Entre eles, Emmanuel Kant que dizia que a sociedade atribui o sagrado, pois quando se atribui o sagrado ao direito vivemos numa cultura cristã. Não respeitar o direito livremente é como a ditadora do tem que ser, na lei sagrada ter uma ação livre, e não respeitando as leis é um pecado (crime).

Jean-Jacques Rousseau,no livro Contrato Social (1762), diz que o homem nasceu livre, e em toda a parte se encontra sob ferros. O autor foi um dos grandes filósofos da sua época, em suas obras defende a ideia da volta à natureza, dando como exemplo a necessidade do contrato social para garantir os direitos da coletividade.

Neste livro, a vida social é considerada sobre a base de um contrato em que cada contratante, condiciona sua liberdade ao bem da comunidade, procurando proceder sempre de acordo com as aspirações da maioria. No mesmo ano, 1762 também publicou o Emílio (Da Educação), um romance filosófico no qual diz que o homem é naturalmente bom, e o lado mau deve-se à educação dada pela sociedade.

Rousseau, nos seus pensamentos, dá a entender que o poder pode passar pelo chefe de família ou em favor dos governantes.

Hug Grotius, 1583-1645, filósofo humanista contesta que todo poder humano seja estabelecido em favor dos governantes. Segundo Grotius, sobre a questão de se o género humano pertence a uma centena de homens ou se esta centena pertence ao género humano, ele parece pender para a primeira opção.

Thomas Hobbes, 1588-1679, defendia a mesma tese, dando exemplo de um rebanho de gado, dizendo que o pastor é por natureza o superior do seu rebanho.

Antes destes, Aristóteles tinha dito que os homens são naturalmente iguais, e que uns nascem enquanto escravos e outros, enquanto dominadores.

Para mim, é uma asneira os homens são totalmente diferentes, olhem para mim e veem que somos diferentes, somos diferentes quando estudamos na escola, universidade, quando vamos fazer compras, quando trabalhamos, até quando pagamos os impostos, socialmente somos diferentes, mas ninguém nasce para ser escravo ou para dominar, aprende-se a dominar ou a ser-se submisso, neste contexto são os outros que decidem.

Epícteto, 55-135ap. J.-C, dizia que o homem nunca se poderia libertar do jugo e o sacode (livre de escravidão) enquanto Hobbes dizia o homem é um lobo para o homem.

Epíteto foi um dos grandes filósofos, adepto do Estoicismo Imperial, juntamente com outros filósofos como Sêneca e Marco Aurélio, Imperador Romano. Epíteto não escreveu livros, os seus pensamentos chegaram através do seu aluno, Lúcio Flávio Ariano Xenofonte (Simplício).

O Estoicismo é uma tendência filosófica que surgiu na Grécia Antiga, e que honra a fidelidade ao conhecimento, rejeitando todos os tipos de sentimentos externos, como a paixão e a luxúria. Para a filosofia estoica a paixão é considerada como má, segundo eles os seres humanos devem alcançar a verdadeira felicidade com as suas virtudes (ou seja, o conhecimento, declarado por Sócrates). Emmanuel Kant dizia que para atingir a felicidade, o ser humano tem de passar por três fases (conhecimento, belo e agir). Fala também das leis e virtude, enquanto Nietzsche é totalmente oposto aos pensamentos de Kant.

A virtude é praticar o bem, a questão que se pode pôr é a seguinte: Podemos nós sempre praticar o bem na impulsão

## das nossas ações?

Fui alguns anos formador e sempre dei uma formação como gostaria de ser aluno, sempre desejei que os outros formadores fossem como eu. Assim seria o meu desejo. Quero dizer que dar o melhor de mim mesmo foi a minha virtude. Contudo, sem conhecimentos, não é possível de agir desta forma.

Para mim, Nietzsche surpreendeu com o seu pensamento no qual a virtude é uma potência moral em geral, enquanto Kant designava a virtude como intenção, em conformidade com a lei. No pensamento de Kant, a virtude seria a fortaleza moral de um homem no cumprimento de seu dever, o que é um importuno moral por razão das leis.

Voltaire, pensador francês, dizia que a virtude entre os homens é um comércio de benefícios, e o que não faz parte deste mercado não deve ser contado entre os virtuosos. Assim, não eliminou a possibilidade de que o homem possa ser virtuoso consigo mesmo.

Na sociedade atual veem-se grandes patrões ou associações com muita virtude (bondade), que no fim de ano dão presentes aos colaboradores agradecendo-lhes dos bons trabalhos e serviços realizados, mimamos trabalhadores nas festas de fim de ano das empresas, e durante todo o ano exploraram suas competências e ignoraram muita das vezes a sua existência.

Kant dizia que a moral só tem senso quando é definida a razão, para Kant as maneiras de agir, boas ou más, são iguais, segundo ele a maneira de fazer é aquela que deveria de produzir sem se preocupar com as consequências; estas não fazem parte da moral, a boa razão é fazer o certo mesmo... Que se seja prejudicado depois! Segundo ele, devemos fazer aquilo que devemos fazer.

Kant dá exemplos de que se pode agir por medo de perda de imagem, se receamos que mediante a maneira agir podemos ser postos nas bocas do mundo, vamos reagir com o acordo de dever. Para Kant, tal não é moralmente correto.

Kant não vê a felicidade como um fundamento da moral, segundo ele quem pode procurar a felicidade são os animais irracionais, como o cão, gatos e outros animais. O homem como é um ser racional, e só pode reagir à sua boa vontade com os seus imperativos, negativos ou positivos.

**Desejo e vontade**

Para Kant só se é livre quando se faz o contrário do desejo. A liberdade é fazer o que não é desejado!

Agir por dever, agir segundo dever, ou de acordo com o dever.

Vivemos numa liberdade condicionada, temos limites que vou chamar de barreiras éticas e morais, que são estabelecidas por leis e razões morais.
Vivemos com uma camisola de forças bem fabricada.

Sofremos para nascer, sofremos para viver e sofremos para

morrer. Em todas as ações do homem está a emoção do sofrimento.

Portanto, Kant no seu pensamento, diz que só se é livre quando se faz o contrário do seu pensamento!

Se os jovens decidem não trabalhar ou estudar, são acusados de preguiçosos e pândegos, que vivem por conta da sociedade, estes são acusados antes de mesmo se pôr a questão pela razão do seu desinteresse de participar aos costumes da sociedade. Sabemos que trabalhar ou estudar não é a passagem obrigatória para a felicidade.

Segundo o estoicismo, o sábio não deveria sofrer de emoções externas, pois estas influenciariam suas decisões e raciocínios.

O estoicismo é caracterizado pelos seguintes pensamentos: considerando a virtude como único bem para a felicidade, que o indivíduo deve negar os sentimentos externos e que Universo é governado por uma razão universal natural. O estoicismo diz, que o prazer é inimigo do homem culto (sábio), valorizando a indolência (indiferença).

O estoicismo é uma corrente filosófica oposta ao epicurismo. Apesar de o estoicismo ser para alguns pensadores semelhante ao hedonismo, o hedonismo define o bem que possibilita prazer e que exalta que a satisfação dos desejos é a finalidade da vida humana e o fundamento da vida moral, inclinação para agir de maneira a evitar o que é repugnante, e a procurar apenas o que é agradável. Esta maneira de pensamento foi rejeitada por alguns filósofos modernos e pensadores rebeldes dos anos 60 (como Michel Foucault,

Gilles Deleuze, Jacques Derrida e Jean Paul Sartre).

A filosofia que diz que todo mundo é bom e gentil não funciona na vida moderna. Vejamos na educação: ensinamos meninos sensíveis e amimalhados, e não lhes podemos dizer, tu és burro meu menino és malandro e não gosta de estudar... Praticamos uma educação mole e superficial. O pior ainda é quando estes "Zezinhos" vão avaliar os professores, aí é que se torna um circo, a que eu chamo de palhaçada para enganar as normas de qualidade de ensino dos estabelecimentos e professores. No final temos muitos diplomados, mas poucos competentes.

O epicurismo é um método criado por um filósofo chamado Epicuro de Samos no século IV a. C. e nos seus pensamentos existem diversos fundamentos básicos. Pode-se distinguir o desejo para encontrar a felicidade e buscar a saúde da alma, lembrando que o sentido da vida é o prazer. No pensamento do filósofo, a procura de prazeres moderados para atingir um estado de tranquilidade e de libertação do medo.

CARPE DIEM é uma expressão conhecida de origem latina que significa "aproveite o dia".

O pensador diz-nos aproveitar ao máximo o agora. De outra maneira diz-nos para viver o presente e desfrutar do momento. Assim, propõe um pensamento, dizendo que ausência do sofrimento corporal passe pelo conhecimento do funcionamento do mundo e da restrição dos desejos.

Na vida moderna isto é possível? Não! Por que vivemos com o medo permanente de não termos os recursos suficientes para o futuro, poucas coisas fazemos a pensar no presente, só comemos e fazemos as nossas necessidades fisiológicas no presente, do resto vivemos sempre a pensar no futuro, esta maneira de pensar faz parte da nossa cultura e torna-nos escravos dos nossos desejos.

Tudo é organizado para viver num presente próximo (futuro). Exemplo: trabalhamos um mês e só no fim de mês é que recebemos o salário. Com isto quero dizer que os trabalhadores são os primeiros credores das empresas privadas ou do estado. Mas se alugar um apartamento, pagasse antes de habitar, idêntico para os juros de crédito, se pedimos um crédito ao banco, primeiro pagasse a primeira cotização dos juros, e depois recebesse o capital de crédito.

**Somos livres do nosso livre arbítrio?**

Era bom que pensássemos sobre a nossa natureza e a vida que fazemos ao quotidiano, e vimos onde o livre arbítrio começa e termina.

O livre arbítrio tem significados religiosos, morais e éticos a respeitar, portanto nunca podem ser aplicados à letra as liberdades estabilizadas. Até se costuma dizer que cada um pode fazer o que quiser sem lesar o outro.

O nosso livre arbítrio pode-se murchar com as causas do exterior, como as doenças, desemprego, crise financeira, abalo sísmico ou mesmo o amor.

A liberdade de escolha é interdita pelas causas, que nem sempre são da nossa preferência.

O determinismo e livre arbítrio são alvos de muitos debates

no meio da filosofia contemporânea.

Para mim dizer que o homem é livre é uma forma de não aceitar a causalidade.

O espírito, a alma, o desejo, a escolha e a vontade humana não convivem no mesmo mundo casual da natureza, não são compostos pelas mesmas leis constantes.

Isto traz-nos uma pergunta sobre a liberdade de que David Hume, um filósofo do Empirismo Britânico, quando falava de liberdade, punha a questão: em que medida somos livres? Segundo o pensador, a nossa liberdade termina quando ela intervém com os direitos dos outros cidadãos. O homem, para viver em liberdade deve ter a consciência das coisas que não pode fazer.

**Por que é que nós acreditamos na predestinação?**

Se ouve com muita frequência, coitado teve um acidente, já estava destinado a sofrer, ou coitado teve muita sorte, apesar da má sorte ficou em vida e já pode de novo trabalhar!

Ora, se nós pararmos para refletir, verificamos que o que nos preocupa não a vida do outro, mas sim o trabalho que ele pode fornecer, como o trabalho, seja a resposta à predestinação do ser humano.

Na predestinação passamos muito tempo com as nossas dificuldades e os nossos sucessos sem verdadeiras soluções, e muitas das vezes aceitamos a ditadura do tem que ser.
Neste caso, a causalidade no pensamento de Aristóteles, é a explicação.

Como professor de escola profissional, um dia encontrei um aluno que me dizia os meus amigos eram todos drogados ou bêbedos, e que conseguiu manter as suas relações com eles sem nunca se drogar nem embebedar. Hoje o meu dilema é: foi uma causalidade ou destino? Se é destino, quem me guiou e porque não guiou os outros, e o porquê de tanta diferença de tratamento entre os homens.

Somos herdeiros da sobrevivência, vivemos a sobreviver e a vegetar constantemente. Sofremos influências de toda a parte, se falamos de usos e dos costumes, vem a influência da família e da sociedade, dependemos constantemente dos outros, seja de maneira financeira ou relacional.
Vivemos nos terrores da sociedade permanentemente, deitamo-nos e levantamo-nos com as notícias mais pavorosas do planeta. Mas conseguimos comer, beber, dançar e dormir bem. Sem o mínimo esforço para compreender ou resolver as dificuldades ao nosso nível.

Esquecemo-nos rapidamente, e continuam-nos a trazer o lixo das misérias do mundo para a soleira da porta dos nossos vizinhos, colegas de trabalho e mesmo da família, sem que as imagens que nos foram mostradas nos façam refletir, tornando-nos seres mais humanos mais indulgentes com os outros. Em qualquer sorte distribuímos também o sofrimento, sem pensar que o colhemos também.

**O homem, quanto valor tem?**

O valor do homem não se pesa, não se mede, o valor do homem é no silêncio que vale, se perguntar a si mesmo, na frente de um espelho, quanto valho, vai notar que ninguém responde, então vai saber que não vale nada! Isto deveria servir para uma caminhada de construção positiva para o valor do homem.

Eu vejo homens que pretendem ter valor esmagando os outros, falando ironicamente, ou homens zombeteiros, no desporto, na política, é onde se encontram muitos dos que pretendem ter valor.

Contudo, quando chegam ao silêncio do espelho, ficam sem valor, acabando por falecer como um homem sem valor.

**As cores estão na natureza**

## Bibliografia

A Bíblia
Os pensamentos de Santo Agostinho
La création du monde Santo Agostinho
Les confessions de Santo Agostinho
La joie parfaite de François d'Assise
O livro de Fédon
O livro de Platon Gordias
O banquete de Platon
Utopia de Thomas More
A arte de persuadir de Aristode
O contrato social de Jean-Jacques Rousseau
L'origine des espèces de Darwin
Le Prince de Nicolais Machiavel
Le vieil homme d'Erneste Hemingway
Discours de la méthode de René Descartes
La joie de vivre de Zola
Pensamentos de Marc Aurélio
Le capital de Karl Marx
Fondements de la métaphysique Kant
Critique de la faculté de juger Kant
La richesse des nations Adam Smith
L'inconscient de C.G. Jung
Ainsi parlait Zarathoustra de Nietzsche
Pensée de Blaise Pascal
L'existentialisme de Jean-Paul Sartre
Manuel d'Épictète
Éloge de la folie Érasme
La vie heureuse de Sénèque
O nome de Deus é Misericórdia do Papa Francisco
Mente Aberta Coração Crente do Papa Francisco
La confiance et l'abandon de Thérèse de Lisieux

## O autor

José Rodrigues Duarte, autor autodidata, já escreveu vários livros de sujeitos diferentes em francês e português.

O autor ao escrever este livro baseou-se em acontecimento da vida moderna e de alguns pensamentos filosóficos de vários pensadores.

O homem na escolha do seu comportamento modelar nunca pode esquecer que veio do nada e acaba no nada pensando sempre que o nada é propriedade dos vizinhos.

**Livros do mesmo autor**

Zezé do Café Central
Maria Isabel
Casimiro, o colhedor de trevo a quatro
O doente cardiovascular
O apaixonado do bus 7
Caderno das saudades
O cheiro a cacau
O guia do bom empregado de mesa
A arte moderna da mesa
Os poemas de José Duarte

www.ingramcontent.com/pod-product-compliance
Lightning Source LLC
Chambersburg PA
CBHW060208290526
45789CB00003B/1210

* 9 7 8 1 5 3 7 7 1 6 2 1 3 *